ILUSTRACIONES DE
NES VUCKOVIC

HECHIZOS DE AMOR

RITUALES, CONJUROS Y POCIONES PARA TRANSFORMAR TU VIDA AMOROSA

SEMRA HAKSEVER

cincotintas

ACCIÓN
+
INTENCIÓN
=
MAGIA

CONTENIDOS

EL AMOR ES LA MAGIA MÁS PODEROSA

BIENVENIDO A MI LIBRO

¡El amor es la magia más poderosa que existe! Darlo, aceptarlo, permitirte recibirlo... El amor puede darte un subidón de lo más increíble y ser completamente embriagador.

El primer paso de cualquier hechizo de amor es amarse a uno mismo. De todos mis hechizos, los de autoamor (páginas 94-111) siempre son los que dan lugar a resultados más potentes. Eso se debe a que, cuando practicas el autoamor, se eleva el nivel de tus vibraciones y te conviertes en un imán para una plétora de posibilidades.

Es importante reconocer y agradecer todas las esferas de tu vida en las que encuentras amor y sentirlo de verdad. Diles a todos cuantos te rodean que los quieres, lleva a cabo gestos de generosidad para demostrarle a la gente que la quieres y, cuando te digan que te quieren, escúchales y absorbe sus vibraciones amorosas. Lo cierto es que hay amor a nuestro alrededor para dar y tomar... y repartirlo es maravilloso.

Estoy entusiasmada por poder compartir estos rituales y conjuros contigo y me siendo muy afortunada por haber escrito este segundo libro de magia. Esta colección es la prueba viviente de que cuando empiezas a amarte a ti mismo, comienzan a suceder cosas mágicas.

Semra
x.

CÓMO USAR ESTE LIBRO

He dividido el libro en dos partes. La primera, «Iniciación», contiene los fundamentos básicos. No hace falta leerla entera antes de empezar, pero es conveniente familiarizarse con todo ello.

La segunda parte comprende todos los hechizos y pociones. Familiarizarte con los instrumentos que vas a necesitar y con los montajes rituales (por ejemplo, «Cómo construirse un altar», en las páginas 21-23) te será de utilidad para la mayoría de los hechizos que contiene este libro.

CÉNTRATE EN LO QUE PRETENDES CONJURAR Y SÉ CONSCIENTE DE QUE EL HECHIZO QUE ESTÁS CREANDO TIENE EL POTENCIAL DE CAMBIAR POR COMPLETO TU VIDA AMOROSA.

Ten siempre presente que dos de las cosas más importantes a la hora de formular un hechizo son tu intención y tu intuición. Enviarás una señal de energía al universo y el acto de ejecutar un ritual plantará una semilla en tu mente subconsciente, lo que a su vez te situará en la frecuencia adecuada para que recibas aquello que estás pidiendo.

Después de formular determinados conjuros es posible que notes algunas sincronías especiales. Cuando eso ocurra, tómatelo como que el universo te manda una señal para decirte que todo va bien, que el universo te respalda y que la magia empieza a surtir efecto.

Si tu intuición te dice que algo no está bien o tienes alguna duda sobre un hechizo que estás a punto de formular, recurre al péndulo del amor (páginas 28-29) para orientarte.

Si en alguno de los hechizos hay un ingrediente que no te funciona, ya se trate de un aroma que no te gusta o con el que no conectas bien o algo que te pueda provocar alergia, no lo uses. En ese caso, no dudes en recurrir al «Glosario» (páginas 134-135) y sustitúyelo por algo que te guste más (truco destacado: el romero funciona como sustituto de muchas hierbas si lo usas poniendo toda tu intención en ello). Ten cuidado al usar aceites esenciales en caso de estar embarazada; si tienes alguna duda, consulta con tu médico.

Si ya has leído mi libro *Magia para el día a día*, puede que reconozcas parte de lo dicho en esta introducción. Eso es porque se trata de una información de suma importancia y por eso la incluyo también aquí.

ICONOS
DE LAS FASES LUNARES

He incluido un icono de la fase lunar en cada uno de los hechizos; de ese modo, sabrás qué momento del mes es el más propicio para cada hechizo y poción. Pero conviene que tengas en cuenta que si has de lanzar un conjuro ahuyentador y resulta que hay luna nueva, no debes dejar que eso te lo impida. A veces, las cosas no pueden esperar y se hace necesaria la intervención urgente de un hechizo.

| NUEVA | CRECIENTE | MEDIA | LLENA | MENGUANTE |

ICONOS
DE LAS FASES SOLARES

En muchos de los hechizos aparece un icono solar, que anima a aprovechar la energía mágica de las fases del sol y a añadirle potencia solar a la formulación del conjuro. El amanecer aporta energía nueva y resplandeciente, así que es un momento genial para concebir ideas nuevas y marcarse propósitos para cambiar nuestra manera de pensar.

El amanecer y la mañana son el periodo ideal para pasar a la acción, para el crecimiento personal y para emprender relaciones. El sol de mediodía es el equivalente diurno de la luna llena. La energía solar, llena de potencia, hace de este un buen momento para cargar cristales y bendecir hierbas, pociones y herramientas mágicas. Bendice tus intenciones, alza tus manos al cielo y empápate de los rayos solares. Cuando el sol se ponga, aprovecha para decir adiós y despojarte de todo aquello que ya no te sirva. El ocaso es un momento para relajarse y repasar situaciones vividas. Contacta con tu propio ser, escribe un diario y entabla una conversación con tu lado oscuro.

AMANECER   MEDIODÍA   OCASO

PARTE 1

INICIACIÓN

MATERIALES
BÁSICOS

Ponte una indumentaria empoderadora
Siempre recomiendo vestirse con algo que nos haga sentir empoderados cuando nos disponemos a poner en práctica un hechizo o un ritual. Al hacerlo le damos trascendencia a la ocasión y reconocemos que estamos dispuestos a poner toda nuestra intención en algo importante. Atender un poco a la indumentaria nos puede ayudar a centrarnos y a ser más conscientes del momento. Con ello nos preparamos para llevar a cabo un acto ritual que va a ejercer un enorme efecto positivo en nuestra vida, así que el forro polar desgastado que usas para andar por casa no va a estar a la altura de las circunstancias.

No obstante, si vas a practicar la magia sobre la marcha o de manera improvisada, te sugiero que cierres los ojos y que te visualices enfundándote en tu túnica cósmica con motivos metalizados (y no te olvides de quitártela cuando hayas acabado el hechizo).

Adopta un estado mental adecuado
Conviene estar lo más tranquilos y concentrados que sea posible antes de llevar a cabo un hechizo, de modo que dedicar previamente un rato a la meditación te preparará mentalmente para ello. Una excelente técnica de respiración consiste en sentarte cómodamente, cerrar los ojos y luego hacer unas cuantas inspiraciones y espiraciones suaves por la nariz: cuenta hasta cinco en las inspiraciones y hasta siete u ocho en las espiraciones. Repítelo unas diez o quince veces.

Puedes optar por poner música mientras ejecutas tu magia o por hacerlo en silencio. Hazlo de la manera que te sea más cómoda y como mejor te concentres.

Encantamiento y bendición

Esto consiste en cargar el hechizo con tu intención; es el momento de poner las manos sobre los ingredientes de tu poción o hechizo y bendecirlos con tu intención. Concéntrate en tu poder interior, siente que la luz y la energía brotan de tus dedos para bendecir el hechizo, visualiza el resultado e imagina cómo te vas a sentir cuando tu magia se manifieste en la realidad.

Mezclar y combinar

Cuando mezclas una poción o preparas un hechizo, recuerda que siempre debes remover los ingredientes en el sentido de las agujas del reloj si quieres atraer algo a tu vida, y en sentido contrario cuando lo que quieres es repeler o ahuyentar algo.

Recuerda siempre que la intención es el ingrediente más potente

Es importante que le demuestres voluntad al universo y que, además, tienes un plan de actuación. Si ves que en esto flojeas un poco, puede que sea un buen momento para sacar una carta del tarot o de los ángeles o para usar el péndulo (páginas 28-29).

Dos de cada

Cuando elabores hechizos de amor, es importante que visualices por duplicado lo que sea que centre tu atención o pretendas conjurar. De ese modo incrementarás las posibilidades de que aparezca una pareja.

LOS MEJORES ACCESORIOS PARA HECHIZOS

Aquí tienes unos cuantos artículos que es genial tener a mano para conferirles superpoderes a tus hechizos.

Agua de luna

El agua de luna es una especie de agua bendita para quienes adoran a la luna. Cuando hay luna llena es el momento perfecto para aprovechar al máximo sus brillantes rayos y empaparse de su energía.

El agua que se ha cargado bajo la luna llena puede usarse para cualquier cosa que te parezca que pueda necesitar un poco de energía y poder lunar. Puedes lavar con ella tus cristales, añadirla a hechizos para darles un punto extra de potencia, bebértela, incorporarla al agua del baño o ponerla en tu altar.

NECESITARÁS:
*una botella o jarra de vidrio con agua (asegúrate de que se trata
de agua filtrada si tienes intención de bebértela)
cristales de tu elección (opcional)*

1. Llena de agua una botella o jarra de vidrio y déjala en el exterior, bajo la luz de la luna, para cargarla de superpoderes lunares. Añade unos cuantos cristales al agua para conferirle todavía más poder.
2. Métela en casa antes del amanecer.

Sal negra

Esta es una sal multipropósito que se puede usar para conferirles superpoderes a los hechizos ahuyentadores, como accesorio ideal para hechizos de protección y para repeler el mal.

NECESITARÁS:

sal (la sal marina es la mejor, pero puedes usar sal de cualquier tipo)
carbón de un disco de carbón encendido o ceniza de salvia quemada
cuchara
cuenco para mezclar y un frasco para guardarla

Mezcla la sal y el carbón en un cuenco, removiéndolos con una cuchara y con la mano izquierda en sentido contrario a las agujas del reloj. Mientras encantas la sal, pronuncia en voz alta: «¡Yo te ahuyento, márchate, vete!». Guárdala en un tarro.

Sal de luna

Parecida al agua de luna, es una forma de cargar la sal bajo los potentes rayos de luz de luna que incrementará el poder de la sal en tus hechizos. Puedes añadirla al baño, usarla en rituales de limpieza, en hechizos de protección y hasta emplearla para cocinar.

NECESITARÁS:

sal (la sal marina es la mejor, pero puedes usar sal de cualquier tipo)
cristal de cuarzo transparente
cuenco para mezclar y un frasco para guardarla

1. Deja un cuenco con sal y un cristal de cuarzo transparente en el exterior, a la luz de la luna, para obtener una sal protectora supercargada.
2. Éntrala en casa antes del amanecer y guárdala en un frasco.

Materiales

mortero y mano
tarros o frascos de vidrio
velas de varios colores
cristales
(Nota: asegúrate, en caso de que añadas los cristales
a un té, un tónico, un aceite o un baño, de que se trata de
piedras pulidas y no en bruto, ya que estas últimas pierden
lustre al entrar en contacto con los líquidos.)
cordeles de varios colores
pergamino o papel encerado
discos de carbón vegetal
pinzas de cocina
incensario/caldero/plato de cerámica resistente al calor
sal o arena
brújula

y...
buenas intenciones

Podrás encontrar en tu cocina casi todas las hierbas que menciono en este libro o comprarlas en el supermercado o en internet. *En los hechizos siempre uso hierbas secas, a menos que especifique lo contrario.* Para limpiar las hierbas secas antes de usarlas en un hechizo, tritura un poco de canela en rama con la ayuda de un mortero y quémala en un disco de carbón (instrucciones completas en la página siguiente) y luego sahúma las hierbas (esto puede hacerse también con resina de copal o con incienso y mirra).

Una vez hecho esto, puedes guardarlas con los cristales. Si no tienes muy claro qué cristales usar, el cuarzo transparente siempre es un buen recurso.

GUÍA DE USO
DEL CARBÓN ENCENDIDO

Muchas de las mezclas de incienso que figuran en este libro se tienen que quemar en un disco de carbón encendido y para calentarlo necesitarás unas pinzas de cocina pequeñas. Si no dispones de ellas, puedes sujetarlo con unas tijeras, unas tenazas o algo similar. No lo hagas nunca con las manos, ya que el carbón encendido se calienta mucho y no querrás quemarte (sobre todo antes de hacer un hechizo). Para lograr un mejor aislamiento, dispón una capa generosa de sal o arena en el plato resistente al calor que vas a usar antes de encender el carbón.

Con la ayuda de las pinzas, sujeta el disco de carbón sobre una llama durante unos 15-20 segundos; sabrás que está listo cuando veas que el carbón empieza a chisporrotear. Deposita entonces el disco de carbón en el recipiente que has preparado con arena o sal, que puede ser un incensario, un plato de cerámica resistente al calor o un caldero de hierro colado.

Pon siempre tu mezcla de incienso sobre el disco de carbón pizca a pizca, cuidando de no cubrirlo por completo. Puedes ir así añadiendo toda la mezcla. El disco de carbón normalmente aguanta encendido una media hora. Generará mucho humo, por lo que no conviene hacerlo cerca de las alarmas contra incendios.

AMULETO
PARA ATRAER EL AMOR

Usa este amuleto para enviar señales magnéticas y atraer el amor en tu dirección. Lleva el amuleto encima, en el bolso, sujétalo con un imperdible por dentro de la ropa o ponlo debajo de la almohada para cualquier ocasión en la que necesites un poco de amor extra del universo. Añádele unas cuantas gotas de aceite de atracción con la luna llena si te parece que necesita algo más de combustible y superpoder. Este amuleto ejerce un intenso poder de atracción para captar más amor y atraerlo hacia tu vida. Prepara el ambiente para este hechizo, ya que es muy potente. No dirijas el amuleto hacia una persona concreta. Puedes tener en mente a alguien, pero no te pongas límites: el universo a lo mejor tiene a alguien mucho mejor preparado para ti.

NECESITARÁS:
una pizca de jazmín seco
una pizca de pétalos de rosa secos
una pizca de canela molida
un mechón de tu cabello
2 magnetitas
aceite de atracción (página 78)
cuenco para mezclar
2 retales de 10 × 10 cm
bolígrafo, tijeras, aguja
hilo rosa de unos 20 cm

1. Mezcla las hierbas, el mechón de cabello, las magnetitas y el aceite de atracción en el cuenco y déjalos en el exterior, de cara al sol, al amanecer.

2. Pon juntos los dos trozos de tela y dibuja en ella un corazón, recórtalo y cose el borde de las dos caras de tela en sentido de las agujas del reloj.

3. Antes de acabar de coser el borde del corazón, introduce en él los ingredientes del hechizo (incluidas las magnetitas). Susurra tu deseo al interior de la bolsita y dile: «En cuanto el amuleto esté cerrado, empezará a obrarse la magia».

4. Acaba de coser el borde de la bolsa hasta cerrarla del todo.

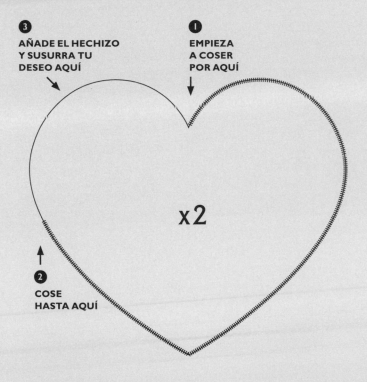

❸
AÑADE EL HECHIZO
Y SUSURRA TU
DESEO AQUÍ

❶
EMPIEZA
A COSER
POR AQUÍ

x2

❷
COSE
HASTA AQUÍ

CÓMO DESHACERSE DE LOS RESTOS DE UN HECHIZO

Si has formulado un hechizo para atraer o convocar algo a tu vida, entierra los restos (las cenizas de un papel que hayas quemado, por ejemplo) en el jardín delantero de tu casa o déjalos en un tarro al lado de la puerta de entrada.

Si el hechizo es para propiciar una nueva oportunidad o para abrir un nuevo camino, deshazte de los restos en una encrucijada donde se crucen cuatro caminos. Esto puede ser algo complicado de hacer, de modo que si no tienes cerca un cruce de estas características, puedes deshacerte de los restos enterrándolos cerca de un árbol de hoja perenne.

Si es para algo que te gustaría conservar, entiérralos en el jardín, en el patio trasero o en una maceta puesta fuera.

Si se trata de algo que quieres ahuyentar, entiérralo en algún lugar alejado de tu casa; si son cenizas de papel de un hechizo ahuyentador, échalas al inodoro y tira de la cadena.

CÓMO CONSTRUIRSE
UN ALTAR

El altar es tu espacio sagrado, una zona especial en la que puedes sentarte y meditar, y preparar y poner en práctica tus hechizos y pociones. Para construirlo puedes optar por algo sencillo o bien tirar la casa por la ventana; puede ser un sitio dedicado de manera permanente al altar o consistir en un montaje temporal sobre la mesa de la cocina, con una vela encendida, por ejemplo. Tú decides.

Ideas de cosas para poner en el altar: cristales, velas, cualquier talismán de la suerte que hayas ido guardando, incienso, monedas, flores u otra clase de ofrendas (dulces, tarta o frutos secos), cartas de los ángeles, fotos de alguien que sea especial para ti o imágenes de cualquier dios, diosa, ángel u otra deidad con la que sientas una conexión especialmente empoderadora.

La única regla que sugiero seguir es mantener el altar alejado de cualquier aparato eléctrico. Cuando te sientes ante él, intenta tener apagado el móvil. Soy consciente de que siempre existe la tentación de grabar el ritual y publicarlo en Instagram, así que si conectarte a las redes sociales y compartir tu ritual con amigos es algo importante para ti, hazlo. Pero intenta limitarte a sacar una foto al principio de la sesión y luego apaga el móvil para que no interfiera y para que puedas sumergirte por completo en el momento presente.

ESPÍRITU/INVISIBLE

AGUA

AIRE

FUEGO

TIERRA

Puede que también quieras que en tu altar estén representados los elementos. Hay cuatro elementos, más el elemento espíritu, que representan las cinco puntas del pentagrama:

NORTE = TIERRA	Para esto puedes usar un cuenco con sal, arena o tierra de algún lugar especial (por ejemplo, de debajo de uno de tus árboles favoritos).
ESTE = AIRE	Para esto puedes usar una pluma o humo de incienso.
OESTE = AGUA	Aquí puedes poner un poco de agua con cristales de cuarzo transparente dentro o, mejor todavía, agua de luna (página 14).
SUR = FUEGO	En esta dirección puedes poner una vela encendida.
QUINTA PUNTA	Representa el espíritu o lo invisible, que está por encima, por debajo y a todo nuestro alrededor.

También puedes usar cristales para representar los elementos. Estos son algunos de mis favoritos:

TIERRA	Turmalina negra/obsidiana/peridoto
FUEGO	Ámbar/cornalina/jaspe rojo
AGUA	Amatista/piedra lunar/celestina/crisocola
AIRE	Ojo de tigre/topacio/lapislázuli

CÓMO TRAZAR UN CÍRCULO DE AMOR

Crearte un espacio seguro y protector donde obrar tu magia es una parte importante del ritual mágico. Conjura un círculo de amor para estos hechizos cerrando los ojos y pidiéndole a tu espíritu superior que te guíe y proteja tu círculo a base de amor y felicidad.

Invocar la protección del amor en la magia es un mecanismo muy poderoso para colocarte en una dinámica mental positiva antes de formular un hechizo. Cuando traces el círculo, empezarás a notar que el amor irradia desde tu corazón. Deja que te rodee y, cuando lo haga, visualiza cómo se propaga a tu alrededor y llena hasta el último rincón de la habitación. Esa luz cargada de amor emana del círculo para protegerte e ilumina a todos tus espíritus guías y a los ángeles que están siempre ahí cuidándote. Imagina que emprenden alegres danzas y dan saltos de alegría mientras te cuidan, sintiendo el amor y ofreciéndote toda la protección que necesitas para crear un espacio feliz y seguro donde poner en práctica la magia e invocar cosas buenas.

Aquí tienes tres pasos para trazar un círculo de amor. Puedes optar por seguir solo el primer paso, los dos primeros o los tres. También puedes crear tu propia versión de este ritual.

PASO I Empieza siempre haciendo una limpieza del espacio con un poco de salvia o palo santo. Piensa en alguien a quien quieras (puede ser una persona o un animal).

PASO 2 Si dispones de agua de luna y sal de luna (páginas 14-15), puedes mezclarlas y rociar el agua resultante a tu alrededor en el sentido de las agujas del reloj, normalmente se empieza mirando hacia el este.

Concéntrate en el amor que sientes por esa persona o animal y, mientras piensas en ello, percibe lo que eso hace que sientas en tu cuerpo, conecta con la sensación de amor y con la felicidad que te aporta amar a ese ser y recuérdate que tienes el don del amor y lo especial que es ofrecer tu amor.

PASO 3 Mientras haces esto, percibe cómo aumenta tu energía y nota cómo entras en sintonía con una frecuencia más elevada. Siente las vibraciones del amor transmitiéndose a través de ti y llenando cada rincón de tu cuerpo, desde los dedos de los pies hasta las yemas de los dedos de las manos. Visualízalo como una luz cálida y dorada (o del color que prefieras).

Cuando hayas terminado, no te olvides de cerrar el círculo. Esto se hace volviendo a girar, ahora en sentido contrario a las agujas del reloj, y agradeciéndoles su presencia a los espíritus de cada una de las direcciones. También puedes optar por hacer sonar una campana o un cuenco musical, o hacer sonar una caja de cerillas en dirección a cada uno de los puntos cardinales.

Es posible que a veces no tengas espacio suficiente para trazar un círculo. No pasa nada, ya que hay muchas otras opciones: puedes encender una vela en cada dirección, visualizarte dentro de un círculo resplandeciente de luz protectora o imaginar que tienes a tus guías y tus espíritus animales sentados a tu alrededor.

SIGILOS

Un sigilo es un poderoso símbolo que puedes crear para representar tu intención. Esta imagen se puede tallar en una vela o dibujar en un papel o una hoja de laurel con la tinta del color adecuado. La idea es crear un símbolo que puedas recordar, de tal modo que se te quede grabado en el subconsciente.

Para empezar, tendrás que poner por escrito tu declaración de intenciones. Hazlo en tono positivo y escríbela como si ya lo hubieras conseguido: «Soy feliz», más que «Seré feliz». De este modo:

SOY FELIZ

Luego tacha las vocales y cualquier consonante que se repita.

SYFLZ

Empieza practicando en papel y dedica un rato a unir las letras y a moverlas de sitio; puedes ponerlas bocabajo o invertirlas en horizontal, como quieras. Puedes darle total rienda suelta a tu imaginación. Mientras dibujas, puede que te venga a la mente algún garabato que hagas habitualmente o puede que notes una energía que te lleva a añadir espirales o puntos al dibujo. Crea un símbolo del que te enorgullezcas y con el que sientas una conexión, lo que te ayudará a recordar su forma. Cuando lo tengas listo, haz un dibujo definitivo.

Cuando ya tengas tu símbolo, para cargarlo sujétalo en las manos o ponlo debajo de un cristal y memoriza sus formas. También puedes cargar el sigilo bajo la luz de la luna. Asegúrate siempre de que has ungido tu sigilo con algún líquido corporal (sangre menstrual, saliva o fluidos sexuales) para incrementar sus superpoderes antes de quemarlo.

Puedes optar por bendecir tu sigilo con un aceite adecuado y luego quemarlo, por meterlo en un amuleto para atraer el amor (página 18) con tus cristales favoritos o por desmenuzarlo y añadirlo a una mezcla de incienso para darle superpoderes.

Nota: Estos símbolos son sumamente poderosos, por lo que puede que te sientas como si te hubieses tomado un tazón de café después de una sesión de creación de sigilos.

Aquí tienes unos cuantos ejemplos de sigilos que he creado para que te inspiren, pero te recomiendo que dediques un rato a crearte uno propio con el que sientas una conexión específica.

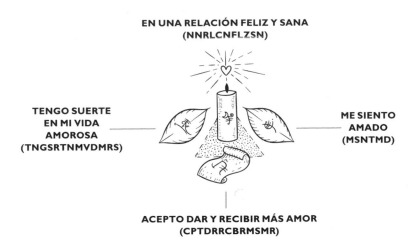

**EN UNA RELACIÓN FELIZ Y SANA
(NNRLCNFLZSN)**

**TENGO SUERTE
EN MI VIDA
AMOROSA
(TNGSRTNMVDMRS)**

**ME SIENTO
AMADO
(MSNTMD)**

**ACEPTO DAR Y RECIBIR MÁS AMOR
(CPTDRRCBRMSMR)**

PÉNDULO DEL AMOR

Si notas cierto bloqueo o no sabes si es buen momento para formular un hechizo, usa el péndulo y este tablero para orientarte.

Si no dispones de péndulo, puedes emplear un collar, un colgante, atar un cristal a una cadena o ensartar una semilla de nuez moscada en el extremo de un cordel.

Antes de empezar: comunícale al péndulo en voz alta que le das total permiso para que te guíe con el fin de dar con la respuesta adecuada. Luego haz oscilar el péndulo sobre el tablero y deja que sea él quien te hable a ti.

Truco para salir del paso: si no tienes a mano el tablero y pasas por un momento de indecisión, puedes hacerle al péndulo una pregunta cuya respuesta sea sí o no. No tienes más que pedirle que te muestre qué dirección es sí y cuál es no, luego plantearle la pregunta y ver en qué dirección se balancea.

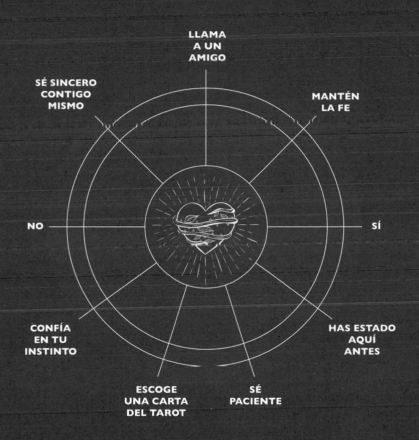

LLAMA
A UN
AMIGO

SÉ SINCERO
CONTIGO
MISMO

MANTÉN
LA FE

NO

SÍ

CONFÍA
EN TU
INSTINTO

HAS ESTADO
AQUÍ
ANTES

ESCOGE
UNA CARTA
DEL TAROT

SÉ
PACIENTE

COMPATIBILIDAD

TIERRA
TAURO/VIRGO/CAPRICORNIO
Benjuí, pachulí, mirra

AIRE
GÉMINIS/LIBRA/ACUARIO
Cardamono, canela, lavanda

AGUA
CANCER/ESCORPIO/PISCIS
Jazmín, rosa, sándalo

FUEGO
ARIES/LEO/SAGITARIO
Incienso, jengibre, galangal

MÍSTICA

MEZCLAS
DE HIERBAS PARA
LA COMPATIBILIDAD

Crea una fórmula de hierbas a medida para ti y tu ser amado a base de los cuatro elementos clásicos y sus hierbas correspondientes. Sírvete de tu signo zodiacal y del de tu pareja para guiarte acerca de con qué elementos estáis más conectados.

Nota: Las mezclas de compatibilidad que tienes a continuación se pueden hacer con hierbas frescas o secas.

ACEITES CORPORALES DE COMPATIBILIDAD ASTROLÓGICA

Las potentes fragancias de los aceites esenciales están conectadas con los signos del Zodíaco. Usa estas mezclas para encender una chispa romántica con tu pareja mediante combinaciones aromáticas mágicas. Puedes usar estas mezclas en un baño romántico, como aceite de masajes o para ungiros tu pareja y tú y tener buenas vibraciones, para bendecir el amor que compartís o para usarlas en un ritual mágico de enlace amoroso (página 50).

Para hacer las mezclas, combina la cantidad indicada del aceite esencial con 500 ml de un aceite de base que te guste. Mi preferido es el aceite de almendras dulces, pero puedes elegir cualquier otro. Puedes usarlo de inmediato o conservarlo en un frasco o botella de vidrio, poniendo dentro un cristal de cuarzo rosa.

Nota: Las siguientes mezclas de compatibilidad solo deben elaborarse con aceites esenciales.

SIGNO DE TU PAREJA:	**ARIES**	**TAURO**
ARIES	12 gotas de rosa, 5 gotas de limón, 3 gotas de clavo	12 gotas de rosa, 5 gotas de incienso, 3 gotas de cardamomo
TAURO	12 gotas de rosa, 5 gotas de incienso, 3 gotas de cardamomo	5 gotas de ylang-ylang, 3 gotas de limón, 12 gotas de sándalo
GÉMINIS	12 gotas de lavanda, 3 gotas de neroli, 3 gotas de clavo	8 gotas de limón, 12 gotas de manzanilla
CÁNCER	8 gotas de rosa, 8 gotas de manzanilla, 4 gotas de limón	8 gotas de cardamomo, 8 gotas de cedro, 4 gotas de limón
LEO	5 gotas de bergamota, 5 gotas de clavo, 10 gotas de lavanda	5 gotas de ylang-ylang, 5 gotas de canela, 10 gotas de sándalo
VIRGO	12 gotas de rosa, 4 gotas de limón, 4 gotas de lavanda	12 gotas de rosa, 5 gotas de benjuí, 3 gotas de cardamomo
LIBRA	12 gotas de rosa, 5 gotas de limón, 3 gotas de clavo	10 gotas de limón, 10 gotas de jazmín
ESCORPIO	15 gotas de rosa, 5 gotas de cardamomo	10 gotas de lavanda, 3 gotas de vetiver, 7 gotas de sándalo
SAGITARIO	10 gotas de incienso, 5 gotas de limón	10 gotas de pachuli, 3 gotas de cardamomo, 3 gotas de clavo
CAPRICORNIO	10 gotas de manzanilla, 5 gotas de limón, 5 gotas de rosa	10 gotas de bergamota, 5 gotas de limón, 5 gotas de sándalo
ACUARIO	5 gotas de neroli, 5 gotas de clavo, 5 gotas de canela	10 gotas de limón, 6 gotas de geranio, 4 gotas de neroli
PISCIS	10 gotas de jazmín, 10 gotas de incienso	14 gotas de pachuli, 4 gotas de bergamota, 4 gotas de limón

TU SIGNO:

TU SIGNO:	GÉMINIS	CÁNCER
SIGNO DE TU PAREJA:		
ARIES	12 gotas de lavanda, 3 gotas de neroli, 3 gotas de clavo	8 gotas de rosa, 8 gotas de manzanilla, 4 gotas de limón
TAURO	8 gotas de limón, 12 gotas de manzanilla	8 gotas de cardamomo, 8 gotas de cedro, 4 gotas de limón
GÉMINIS	15 gotas de lavanda, 5 gotas de bergamota	8 gotas de jazmín, 8 gotas de lavanda, 4 gotas de limón
CÁNCER	8 gotas de jazmín, 8 gotas de lavanda, 4 gotas de limón	10 gotas de jazmín, 5 gotas de sándalo, 5 gotas de rosa
LEO	10 gotas de naranja, 10 gotas de lavanda	8 gotas de naranja, 12 gotas de sándalo
VIRGO	10 gotas de lavanda, 5 gotas de pachuli, 3 gotas de benjuí	10 gotas de sándalo, 10 gotas de manzanilla
LIBRA	10 gotas de lavanda, 10 gotas de manzanilla	5 gotas de vainilla, 5 gotas de sándalo, 10 gotas de rosa
ESCORPIO	4 gotas de benjuí, 8 gotas de pachuli, 8 gotas de lavanda	10 gotas de rosa, 8 gotas de bergamota, 2 gotas de limón
SAGITARIO	3 gotas de benjuí, 2 gotas de clavo, 15 gotas de incienso	8 gotas de jazmín, 5 gotas de rosa, 7 gotas de bergamota
CAPRICORNIO	5 gotas de bergamota, 15 gotas de pachuli	10 gotas de rosa, 5 gotas de limón, 5 gotas de sándalo
ACUARIO	5 gotas de neroli, 12 gotas de rosa, 3 gotas de cilantro	10 gotas de manzanilla, 8 gotas de jazmín, 2 gotas de limón
PISCIS	10 gotas de cedro, 8 gotas de bergamota, 2 gotas de neroli	15 gotas de manzanilla, 2 gotas de vetiver, 3 gotas de neroli

LEO	VIRGO	LIBRA

LEO	VIRGO	LIBRA
5 gotas de bergamota, 5 gotas de clavo, 10 gotas de lavanda	8 gotas de rosa, 8 gotas de lavanda, 4 gotas de limón	12 gotas de rosa, 5 gotas de limón, 3 gotas de clavo
5 gotas de ylang-ylang, 5 gotas de canela, 10 gotas de sándalo	12 gotas de rosa, 5 gotas de benjuí, 3 gotas de cardamomo	10 gotas de limón, 10 gotas de jazmín
10 gotas de naranja, 10 gotas de lavanda	10 gotas de lavanda, 5 gotas de pachuli, 3 gotas de benjuí	10 gotas de lavanda, 10 gotas de manzanilla
8 gotas de naranja, 12 gotas de sándalo	10 gotas de sándalo, 10 gotas de manzanilla	5 gotas de vainilla, 5 gotas de sándalo, 10 gotas de rosa
5 gotas de limón, 3 gotas de incienso, 12 gotas de rosa	12 gotas de sándalo, 4 gotas de canela, 4 gotas de rosa	10 gotas de vainilla, 10 gotas de incienso
12 gotas de sándalo, 4 gotas de canela, 4 gotas de rosa	15 gotas de bergamota, 5 gotas de pachuli	15 gotas de lavanda, 5 gotas de limón
10 gotas de vainilla, 10 gotas de incienso	15 gotas de lavanda, 5 gotas de limón	3 gotas de anís estrellado, 8 gotas de incienso, 9 gotas de vainilla
2 gotas de canela, 15 gotas de rosa, 3 gotas de cardamomo	8 gotas de bergamota, 8 gotas de lavanda, 4 gotas de pachuli	8 gotas de vainilla, 10 gotas de sándalo, 2 gotas de limón
18 gotas de sándalo, 2 gotas de clavo	10 gotas de rosa, 8 gotas de pomelo, 2 gotas de clavo	2 gotas de clavo, 10 gotas de bergamota
2 gotas de canela, 5 gotas de limón, 15 gotas de bergamota	12 gotas de pachuli, 5 gotas de bergamota	10 gotas de vainilla, 10 gotas de lavanda
2 gotas de canela, 15 gotas de rosa, 3 gotas de limón	15 gotas de sándalo, 5 gotas de neroli	10 gotas de incienso, 2 gotas de neroli, 8 gotas de rosa
2 gotas de benjuí, 10 gotas de bergamota, 8 gotas de incienso	10 gotas de pachuli, 10 gotas de vainilla	5 gotas de vainilla, 5 gotas de manzanilla, 10 gotas de jazmín

TU SIGNO:	ESCORPIO	SAGITARIO
SIGNO DE TU PAREJA:		
ARIES	15 gotas de rosa, 5 gotas de cardamomo	10 gotas de incienso, 5 gotas de limón
TAURO	10 gotas de lavanda, 3 gotas de vetiver, 7 gotas de sándalo	10 gotas de pachuli, 3 gotas de cardamomo, 3 gotas de clavo
GÉMINIS	4 gotas de benjuí, 8 gotas de pachuli, 8 gotas de lavanda	3 gotas de benjuí, 2 gotas de clavo, 15 gotas de incienso
CÁNCER	10 gotas de rosa, 8 gotas de bergamota, 2 gotas de limón	8 gotas de jazmín, 5 gotas de rosa, 7 gotas de bergamota
LEO	2 gotas de canela, 15 gotas de rosa, 3 gotas de cardamomo	18 gotas de sándalo, 2 gotas de clavo
VIRGO	8 gotas de bergamota, 8 gotas de lavanda, 4 gotas de pachuli	10 gotas de rosa, 8 gotas de pomelo, 2 gotas de clavo
LIBRA	8 gotas de vainilla, 10 gotas de sándalo, 2 gotas de limón	2 gotas de clavo, 10 gotas de bergamota
ESCORPIO	10 gotas de rosa, 5 gotas de pachuli, 5 gotas de sándalo	4 gotas de geranio, 8 gotas de sándalo, 8 gotas de pachuli
SAGITARIO	4 gotas de geranio, 8 gotas de sándalo, 8 gotas de pachuli	18 gotas de lavanda, 2 gotas de romero
CAPRICORNIO	10 gotas de sándalo, 5 gotas de rosa, 5 gotas de limón	5 gotas de limón, 15 gotas de incienso
ACUARIO	5 gotas de neroli, 10 gotas de pachuli	15 gotas de manzanilla, 5 gotas de bergamota
PISCIS	10 gotas de lavanda, 10 gotas de jazmín	3 gotas de clavo, 17 gotas de jazmín

CAPRICORNIO	ACUARIO	PISCIS

CAPRICORNIO	ACUARIO	PISCIS
10 gotas de manzanilla, 5 gotas de limón, 5 gotas de rosa	5 gotas de neroli, 5 gotas de clavo, 5 gotas de canela	10 gotas de jazmín, 10 gotas de incienso
10 gotas de bergamota, 5 gotas de limón, 5 gotas de sándalo	10 gotas de limón, 6 gotas de geranio, 4 gotas de neroli	14 gotas de pachuli, 4 gotas de bergamota, 4 gotas de limón
5 gotas de bergamota, 15 gotas de pachuli	5 gotas de neroli, 12 gotas de rosa, 3 gotas de cilantro	10 gotas de cedro, 8 gotas de bergamota, 2 gotas de neroli
10 gotas de rosa, 5 gotas de limón, 5 gotas de sándalo	10 gotas de manzanilla, 8 gotas de jazmín, 2 gotas de limón	15 gotas de manzanilla, 2 gotas de vetiver, 3 gotas de neroli
2 gotas de canela, 5 gotas de limón, 15 gotas de bergamota	2 gotas de canela, 15 gotas de rosa, 3 gotas de limón	2 gotas de benjuí, 10 gotas de bergamota, 8 gotas de incienso
12 gotas de pachuli, 5 gotas de bergamota	15 gotas de sándalo, 5 gotas de neroli	10 gotas de pachuli, 10 gotas de vainilla
10 gotas de vainilla, 10 gotas de lavanda	10 gotas de Incienso, 2 gotas de neroli, 8 gotas de rosa	5 gotas de vainilla, 5 gotas de manzanilla, 10 gotas de jazmín
10 gotas de sándalo, 5 gotas de rosa, 5 gotas de limón	5 gotas de neroli, 10 gotas de pachuli	10 gotas de lavanda, 10 gotas de jazmín
5 gotas de limón, 15 gotas de incienso	15 gotas de manzanilla, 5 gotas de bergamota	3 gotas de clavo, 17 gotas de jazmín
8 gotas de bergamota, 10 gotas de sándalo	2 gotas de romero, 15 gotas de lavanda, 3 gotas de limón	15 gotas de jazmín, 5 gotas de benjuí
2 gotas de romero, 15 gotas de lavanda, 3 gotas de limón	6 gotas de rosa, 2 gotas de cilantro, 12 gotas de sándalo	10 gotas de bergamota, 2 gotas de cilantro, 8 gotas de jazmín
15 gotas de jazmín, 5 gotas de benjuí	10 gotas de bergamota, 2 gotas de cilantro, 8 gotas de jazmín	15 gotas de sándalo, 5 gotas de ylang-ylang

PARTE 2

HECHIZOS

Y

POCIONES

RELACIONES

**Disfrutar de una conexión
amorosa profunda con alguien
se parece un poco a la magia en
que es algo completamente
inexplicable.**

No suele suceder con demasiada
frecuencia, así que cuando veas
que compartes con alguien una
química tan intensa y
desconcertante que parece que te
hayas dado de bruces contra una
pared, acéptala sin temor. Intenta
no tener miedo de sufrir, vive el
momento y acoge esa emoción
con entusiasmo, porque...
¡es mágica!

INFUSIÓN PARA BENDECIR UNA PRIMERA CITA

**PARA UNA TETERA
NECESITARÁS:**
*1 cucharadita de té de jazmín suelto
2 rodajas de raíz de ginseng
½ cucharadita de flores de la pasión secas
7 cucharaditas de Miel de amor (página 77)
¡para darle marcha!*

Las primeras citas pueden ponerte de los nervios. Este hechizo en forma de infusión te ayudará a mantener los pies en la tierra y te recordará que eres un ser confiado, mágico y radiante. Bébetela sabiendo que fluirán las buenas vibraciones y que —vaya o no bien esa cita— habrás dado lo mejor de ti.

1. Pon todos los ingredientes, salvo la Miel de amor, en una tetera y vierte encima agua hirviendo. Deja que la infusión repose al menos 10 minutos. Cuela el té en una taza, añade la miel (si te apetece) y remueve justo antes de bebértela.

¡ESTE HECHIZO
TE AYUDARÁ
A RECORDARTE
QUE ERES
UNA FUERZA
CÓSMICA!

PÓLIZA DE SEGUROS PARA LA FIDELIDAD DE TU AMANTE

NECESITARÁS:
*retal de alguna prenda (algo que hayáis llevado
puesto, sin lavarlo) tuya y de tu pareja
bolígrafo
2 ramas de canela
cordel rojo, un pedazo corto
1 cucharadita de raíz de orris en polvo
2 ramitas de romero fresco
tarro de miel pequeño*

Si estás saliendo con alguien y te da motivos para cuestionarte la devoción que siente por ti, emplea este hechizo con precaución. Recurre al péndulo de amor (páginas 28-29) para confirmar cuándo es mejor usar este hechizo.

1. Escribe tu nombre en el retal de tu prenda y el de tu pareja en el de la suya.
2. Pon juntas las dos ramas de canela y envuélvelas con los dos pedazos de tela, con los nombres hacia dentro; luego ata el paquetito con el cordel rojo.

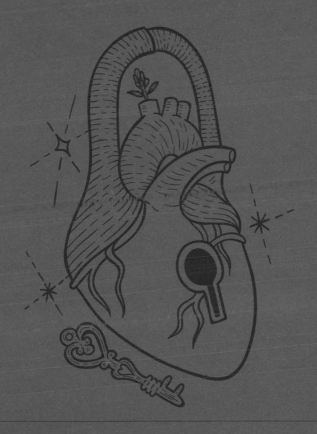

3. Pon la raíz de orris en polvo y las ramitas de romero en el tarro de miel. Remueve en sentido de las agujas del reloj y, mientras lo haces, proclama en voz alta tus intenciones. Introduce en el tarro las ramas de canela envueltas en tela y ciérralo.

4. Puedes optar por conservar el tarro de miel y seguir añadiéndole una pizca de raíz de orris y de romero cada vez que desees renovar tu póliza de seguros o extraer las ramas de canela y enterrarlas bajo un abedul o un manzano al llegar la séptima noche.

ESTA MEZCLA
DESPERTARÁ
LA PASIÓN,
LA LUJURIA
Y LA DEVOCIÓN
SEXUAL

HECHIZO DE DESEO

NECESITARÁS:

bolígrafo y una hoja de papel de unos 10 × 10 cm
1 vaso de agua (para darle mayor potencia,
usa Agua de luna, página 14)
una pizca de canela molida
una pizca de raíz de orris en polvo
5 gotas de aceite esencial de rosa
mortero y mano
disco de carbón vegetal y plato resistente al calor

1. Escribe el nombre completo y la fecha de nacimiento de la persona que quieres que te desee (tiene que ser alguien a quien ya conozcas).
2. Dobla el papel tres veces, plegándolo hacia ti, e introdúcelo en el vaso de agua.
3. Mezcla la canela y la raíz de orris en un mortero y añádeles el aceite esencial de rosa.
2. Enciende el disco de carbón en un plato resistente al calor (instrucciones completas en la página 17) y añádele la mezcla.
5. Sahúma el vaso sobre el carbón. Mientras lo haces, declara tus intenciones y visualiza el deseo y el anhelo que quieres que esa persona sienta por ti.
6. Deja el vaso de agua debajo de tu cama durante siete noches.

BENDICIÓN DEL LECHO DE AMOR

SALEN 100 ML (½ TAZA)
NECESITARÁS:

200 ml (1 taza rasa) de Agua de luna (página 14)
15 gotas de aceite esencial de lavanda
5 gotas de aceite esencial de pachuli
5 gotas de aceite esencial de romero
10 gotas de algún licor (yo uso vodka)
cristal de cuarzo rosa pequeño
frasco pulverizador

Utiliza este hechizo para bendecir el lugar «donde se obra la magia». Puedes usarlo antes de compartir lecho por primera vez con alguien nuevo, antes de tener una cita romántica una noche o para bendecir una cama o unas sábanas nuevas con amor, confianza y protección.

1. Introduce todos los ingredientes en el frasco pulverizador, agítalo suavemente para mezclarlo todo bien y pulveriza la mezcla por las sábanas para bendecirlas con amor y protección.

RITUAL DE ENLACE AMOROSO

NECESITARÁS:
2 velas rojas
5 gotas de aceite esencial de rosa
1 trozo de cordel rojo
una pizca de lavanda seca
una pizca de canela molida
una pizca de semillas de cilantro

1. Talla los nombres de las dos personas en las velas, en vertical y de abajo arriba, y luego úngelas con el aceite esencial de rosa.
2. Junta las velas y átalas con el cordel, haciéndole tres nudos. Tu pareja y tú tenéis que hacer un nudo cada uno y el tercero, juntos. Mientras hacéis los nudos, decid en voz alta que estáis conectados y comprometidos el uno con el otro.
3. Pon las velas verticales en una palmatoria o recipiente y luego esparce la lavanda, la canela y las semillas de cilantro a su alrededor formando un círculo.
4. Encended cada uno una vela y luego volved a encenderlas cada noche durante las tres noches siguientes.

SELLAD ESTE
COMPROMISO
PARA CELEBRAR
LA CONEXIÓN
Y EL AMOR QUE
COMPARTÍS

CRISTALES PARA BENDECIR EL COMPROMISO

NECESITARÁS:

una pizca de romero seco
una pizca de lavanda seca
5 clavos de olor
5 gotas de aceite esencial de rosa
mortero y mano
disco de carbón vegetal y plato resistente al calor
1 cristal escogido por cada miembro de la pareja (en este caso funciona
bien el cuarzo transparente, pero si os gusta algún otro cristal, usadlo)

Estrecha el vínculo con tu pareja y conecta con una bendición cósmica que te recuerde la felicidad y el amor que sientes. Carga los cristales bajo la luna llena sobre una base de pétalos de rosa y lavanda y llévalos encima para que te recuerden tu compromiso mágico.

1. Mezcla en el mortero las hierbas, los clavos y el aceite esencial de rosa.
2. Enciende un disco de carbón en un plato resistente al calor (instrucciones completas en la página 17) y añádele la mezcla.
3. Sahúma los cristales pasándolos por encima del carbón y, con tu pareja, declaraos vuestro amor y explicad por qué os comprometéis el uno con el otro.
4. Intercambiad los cristales y llevadlos siempre encima.

EL MEJOR
MOMENTO PARA
HACER ESTO
ES DESPUÉS
DE SAHUMAR
Y PURIFICAR
LA CASA

BENDICIÓN DE UNA CASA NUEVA

NECESITARÁS:

2 pizcas de pétalos secos de rosa
2 pizcas de incienso
una pizca de canela molida
5 gotas de aceite esencial de lavanda
5 gotas de aceite esencial de jazmín
mortero y mano
disco de carbón vegetal y plato resistente al calor

1. Mezcla los pétalos, las especias y los aceites esenciales en el mortero.
2. Enciende un disco de carbón en un plato resistente al calor (instrucciones completas en la página 17) y añádele la mezcla.
3. Empieza a sahumar la casa por la puerta de entrada y ve avanzando hasta la habitación que quede más al fondo, sin dejarte ningún rincón de la casa por purificar. Mientras lo haces, di en voz alta: «Doy la bienvenida a la paz, el amor y la protección y bendigo esta casa».

REAVIVAR EL AMOR

NECESITARÁS:
2 hojas de papel
bolígrafo
vela negra
un puñado de pétalos frescos de rosa
un puñado de agujas frescas de pino

Una ayudita para prender de nuevo la llama y revitalizar una conexión amorosa.

1. En uno de los papeles, anota aquello que te hace infeliz y lo que crees que causa problemas en tu relación. Dobla el papel tres veces en dirección opuesta a ti.
2. Enciende la vela negra y quema el papel en la llama.
3. En el otro papel, escribe todas las cosas que te gustan de tu pareja y lo que crees que haría falta para reavivar la relación (deben ser emociones y sentimientos, no cosas externas).
4. Esparce pétalos de rosa y agujas de pino en el papel y dóblalo tres veces hacia ti. Entierra el papel debajo de un pino.

MAGIA

SEXUAL

Somos seres cargados de mucha energía y vibraciones y es importante recordar que el sexo no es una cosa solamente física, sino ¡una cuestión de buenas vibraciones y energías positivas!

Cuando disfrutas del placer de un orgasmo, ya sea estando a solas o con otra persona (¡o personas!), y tu cuerpo experimenta tal estado de placer máximo, emites una energía invocadora tan poderosa que puedes conseguir resultados superpotentes.

HECHIZO SEXUAL ARDIENTE

NECESITARÁS:
bolígrafo y papel
una pizca de guindilla en polvo
1 vela roja

Este hechizo hará que tu amante enloquezca entre las sábanas...

Escribe el nombre de tu amante en una hoja de papel y esparce por encima la guindilla en polvo. Enciende una vela roja al lado y... ¡atención a lo que viene luego!

SUPERPODER EN LA CAMA

NECESITARÁS:
1 cristal de cuarzo ahumado
1 cristal de cornalina roja

Para cuando tú o tu amante necesitéis un poco de ayuda para desinhibiros.

Pon los dos cristales debajo de la almohada antes de acostaros y... ¡enloqueced!

POCIÓN
DE SEDUCCIÓN

SALEN DOS TAZAS
NECESITARÁS:

2 pizcas de pétalos de rosa secos
2 vainas de cardamomo machacadas
(dejadas en remojo una noche)
2 cucharaditas de hierba damiana
en hojas para infusión
2 pizcas de canela molida
2 cucharaditas de miel

Toma esta infusión para abrir la puerta a un nuevo mundo de romanticismo. Esta poción da para dos tazas, una para cada persona.

1. Pon los pétalos de rosa, las vainas de cardamomo, la hierba damiana y la canela en la tetera y vierte encima agua hirviendo. Déjala infusionar al menos durante 10 minutos.
2. Cuela la infusión en dos tazas, añádele la miel y remuévela justo antes de tomarla.

POCIÓN ACTIVADORA DE LA TERNURA

SALEN DOS TAZAS
NECESITARÁS:

500 ml (2 tazas) de leche de almendras
2 gotas de esencia de vainilla
1 pedazo de unos 2 cm de largo de jengibre fresco, rallado
2 cucharaditas de raíz de maca en polvo
pimienta negra recién molida, para darle un toque final

Toma esta poción para suscitar un momento cósmico de abrazos y caricias. Prepárate para que tu cerebro libere toda esa oxitocina y dopamina y podáis dar los dos rienda suelta a vuestras vibraciones amorosas. Esta poción da para dos tazas, una para cada persona.

1. Pon todos los ingredientes, salvo la pimienta negra, en una cacerola y déjalos a fuego lento hasta que se calienten (no dejes que la leche de almendras hierva, ya que puede cuajarse).
2. Cuela la poción en dos tazas y esparce por encima un poco de pimienta negra recién molida.

POCIÓN PARA LA POTENCIA SEXUAL

SALEN DOS TAZAS
NECESITARÁS:

2 cucharaditas de hierba damiana en hojas para infusión
2 cucharaditas de pétalos de rosa secos
2 clavos de olor, machacados
4 ramitas de menta fresca

Esta es una poción de pura pasión. Con estas cantidades sale brebaje suficiente para dos tazas, una por persona. Si buscas más potencia, úsala conjuntamente con el Aceite de masaje para amantes (página 69).

1. Pon todos los ingredientes en la tetera y vierte encima agua hirviendo. Deja que la poción infusione al menos durante 10 minutos. Cuélala en dos tazas antes de beberla.

HUMO DE AMOR

NECESITARÁS:
una pizca de raíz de orris en polvo
½ pizca de trébol rojo
una pizca de sándalo en virutas
mortero y mano
7 gotas de aceite esencial de vainilla
disco de carbón vegetal y plato resistente al calor
velas, para ponerlas encendidas por la habitación

Deja que el humo se lleve tus inhibiciones y que llene el espacio de confianza en abundancia para que te relajes.

1. Mezcla en el mortero la raíz de orris en polvo, el trébol rojo y las virutas de sándalo. Una vez mezclados, añade el aceite esencial de vainilla.
2. Enciende un disco de carbón en un plato resistente al calor (instrucciones completas en la página 17) y añádele la mezcla.
3. Dispón velas encendidas por la habitación a la vez que quemas la mezcla. Conseguirás un ambiente perfecto para dar un masaje con el Aceite de masaje para amantes (página 69).

DEJA ACTUAR EL
EFECTO AFRODISIACO
DE LOS AROMAS DE
ESTA POCIÓN

ACEITE DE MASAJE PARA AMANTES

SALEN 50 ML (¼ ESCASO DE TAZA)
NECESITARÁS:
50 ml (¼ escaso de taza) de aceite de almendras
(u otro aceite de base que prefieras)
10 gotas de aceite esencial de jazmín
3 gotas de aceite esencial de pachuli
3 gotas de aceite esencial de cardamomo
3 gotas de aceite esencial de rosa
frasco o botella de vidrio

Con esta poción se despertarán tus sentidos y tu pareja y tú os estimularéis y conectaréis mutuamente con vuestras energías.

1. Pon todos los ingredientes en un frasco o botella y agita suavemente para mezclarlos bien. Conserva el aceite en el frasco o botella y úsalo para dar masajes sensuales.

ACEITE DE DESEO

SALEN 50 ML (¼ ESCASO DE TAZA)
NECESITARÁS:

50 ml (¼ escaso de taza) de aceite de almendras
(u otro aceite de base que prefieras)
2 gotas de aceite esencial de galangal
10 gotas de aceite esencial de vainilla
2 gotas de aceite esencial de pachuli
3 gotas de aceite esencial de rosa
frasco o botella de vidrio

Aplica un par de gotas de esta poción en tu almohada y date también unos toquecitos detrás de las orejas. Con tu pareja, miraos profundamente a los ojos, poned la mano sobre el corazón del otro y practicad la respiración circular. Lo que suceda después queda en vuestras manos.

1. Pon todos los ingredientes en un frasco o botella y agita suavemente para mezclarlos bien. Conserva el aceite en el frasco o botella y úsalo para atraer y suscitar el deseo.

EL PODER DE LA
ENERGÍA SEXUAL
PUEDE FUNCIONAR
COMO POTENTE
INSTRUMENTO
INVOCADOR

HECHIZO INVOCADOR DE LA ENERGÍA SEXUAL

NECESITARÁS:
velas, para ponerlas encendidas por la habitación
mezcla de incienso (a tu elección)
disco de carbón vegetal y plato resistente al calor

Ya sea a través de la masturbación o del sexo en pareja, la generación y liberación de energía orgásmica puede convertirse en una potente técnica de invocación.

1. Prepara tu espacio: enciende unas cuantas velas y un disco de carbón en un plato resistente al calor (instrucciones completas en la página 17) y añádele la mezcla de incienso que prefieras.
2. Formula tus intenciones. En este caso, puede ser mejor trabajar con una afirmación o una imagen visual de lo que deseas invocar.
3. Cuando estés a punto, empieza a inspirar profundamente a la vez que invocas. Si lo haces en pareja, inspirad juntos a la vez que invocáis.
4. Cuando notes que vas a llegar al orgasmo, intenta contenerte y visualizar lo que invocas, baja el ritmo y vuelve a empezar.
5. Después, dedica un momento a reflexionar y a ver si ha surgido algo o si has logrado descargarte algún mensaje psíquico que te ayude con tus invocaciones.

ATRAER

EL AMOR

Cuando se pretende atraer el amor hay que hacerlo con un punto de precaución. Conviene recordar que si implicamos a alguien en nuestros hechizos, eso puede afectar a su energía.

Llegados a este punto, debes preguntarte si te gustaría que alguien te implicase en un hechizo y que jugase con tus energías sin tú saberlo. Usar un nombre concreto al formular un hechizo puede ser peligroso. Cuando invoques, acaba siempre con las palabras «... o mejor», porque no te conviene limitar aquello que pretendes atraer.

PARA

APORTAR

UN POCO

DE DULZURA

Y AMOR

A TU VIDA

MIEL
DE AMOR

NECESITARÁS:
1 trocito de jengibre fresco
1 tarro de miel
1 cristal de cuarzo rosa
1 puñado de pétalos de rosa frescos o secos
2 velas rojas

1. Corta por la mitad el trozo de jengibre y pon las dos mitades en el tarro de miel junto con el cristal.
2. Dispón los pétalos de rosa en círculo alrededor del tarro y enciende las dos velas, una a cada lado.
3. Deja que las velas ardan durante dos noches. Cómete la miel o úsala para endulzar el té y así atraerás el amor a tu vida.

ACEITE DE ATRACCIÓN

NECESITARÁS:

200 ml de aceite de almendras
2 ramitas de canela
una pizca de pétalos de rosa secos
9 clavos de olor
*9 gotas de aceite esencial
de pachuli*
9 gotas de aceite esencial de rosa
magnetita
frasco o botella de vidrio

Este aceite sirve para lo que su propio nombre indica: atraer. Funciona mejor si tienes a una persona concreta en mente. Siempre que pienses en alguien cuando conjuras un hechizo de amor, asegúrate de que se trata de la persona a quien de verdad quieres hechizar.

La única regla que sigo siempre en cuanto a los hechizos de amor es que si tienes que hacerlo de manera forzada, tal vez no sea lo que te conviene; ten en cuenta que podría haber por ahí alguien muchísimo mejor para ti.

Puedes usar este aceite para ungir la foto de alguien a quien quieras atraer, para ungir sigilos, declaraciones de intenciones por escrito, velas o cristales, para añadirlo al agua del baño o para untártelo tú cuando salgas alguna noche.

1. Mezcla todos los ingredientes en un frasco o una botella y deja cargar la poción toda la noche bajo la luz de la luna llena. Métela en casa antes de que salga el sol y consérvala en el frasco o botella hasta que la uses.
2. Este aceite se puede usar para conferirle superpoderes de atracción a cualquier hechizo, pero resulta de especial eficacia en los hechizos de amor.

HECHIZO PARA SOÑAR CON TU AMANTE FUTURO

NECESITARÁS:
vela roja
5 gotas de aceite esencial de rosa
2 pizcas de pétalos de rosa secos
una pizca de milenrama seca
una pizca de pachuli seco
cuenco para mezclar
cristal pequeño de obsidiana
bolígrafo y papel

Usa este hechizo para conjurar una visión de tu futuro amante. Abre la mente a los mensajes y las señales que se te presenten. Puede que este hechizo te muestre dónde conocerás a tu amante, qué pasos puedes dar para atraer a un amante o qué cualidades o aspecto puede que tenga.

1. Unge la vela con el aceite esencial de rosa, ponla en tu mesilla de noche y enciéndela.
2. Mezcla los pétalos y las hierbas en un cuenco y añádeles el cristal de obsidiana.
3. Toma el bolígrafo y el papel y trata de anotar todas las cosas que puedas sobre el amor que deseas.

4. Pon la mezcla de hierbas y el cristal en el centro del papel y dóblalo tres veces en dirección a ti. Coloca el papel plegado debajo de la almohada.

5. Duerme con el hechizo bajo la almohada las siete noches siguientes. Acuéstate siempre con bolígrafo y papel junto a la cama para poder escribir tus sueños y tus visiones psíquicas mientras siguen aún frescas en tu mente.

UNA INFUSIÓN
PSÍQUICA QUE TE
GUIARÁ HACIA
UNA VISIÓN DE TU
FUTURO AMANTE

INFUSIÓN DEL AMANTE DE TUS SUEÑOS

PARA UNA TETERA NECESITARÁS:

1 cucharadita de artemisa
(no la uses en caso de embarazo)
1 cucharadita de pétalos de rosa secos
1 cucharadita de té de jazmín en hojas
2 pizcas de canela molida
bolígrafo y papel

Tómate esta infusión justo antes de acostarte. Asegúrate de no tomarla en caso de embarazo, ya que la artemisa puede ser perjudicial para tu salud.

1. Pon todos los ingredientes en la tetera y vierte encima agua hirviendo. Déjala infusionar por lo menos 10 minutos. Cuélala en una taza antes de bebértela.
2. Ten a mano el bolígrafo y el papel, ya que puedes empezar a tener visiones de inmediato.

BENDICIÓN PARA LAS APLICACIONES DE CITAS

NECESITARÁS:

una pizca de pimienta de Jamaica
una pizca de tomillo seco
5 clavos de olor
5 gotas de aceite esencial de rosas
mortero y mano
disco de carbón vegetal y plato resistente al calor

Las aplicaciones de citas pueden ser duras de pelar: te presentan tantas opciones que, a veces, apenas te dejan opción. Usa este conjuro para bendecir tus elecciones con compasión y deja que te allane el camino a conseguir *matches* mágicos.

1. Pon en el mortero todos los ingredientes y mézclalos bien.
2. Enciende un disco de carbón en un plato resistente al calor (instrucciones completas en la página 17) y añádele la mezcla. Sahúma la mano con la que seleccionas en la aplicación y, mientras lo haces, di en voz alta qué clase de persona te gustaría conocer.
3. Empieza a seleccionar en tu aplicación.

BAÑO PARA ATRAER EL AMOR

NECESITARÁS:
unas cuantas velas
10 gotas de aceite esencial de lavanda
5 gotas de aceite esencial de jazmín
un puñado de pétalos de rosa

Visualiza que el agua es como un enorme imán que atrae el amor hacia ti.

1. Enciende unas velas y prepárate un baño de agua caliente; añádele los aceites y los pétalos. Mientras te sumerges en el agua, visualiza el amor que llega a tu vida.
2. Cuando salgas del baño, sé consciente de que el agua que se va por el sumidero se lleva consigo toda la negatividad y deja sitio a la positividad y la luz.

MIENTRAS
TE SUMERGES EN
EL BAÑO, SIENTE EL
AMOR QUE ALBERGA
TU CORAZÓN

HECHIZO PARA ATRAER A UN AMANTE

NECESITARÁS:
bolígrafo y papel
8 gotas de Aceite de atracción (página 78)
2 imanes pequeños

Usa este hechizo para recordarte por qué mereces amor y para invocar todas las cualidades que deseas que tenga tu nuevo amante.

1. Anota veinte cosas que te gusten de ti en una hoja de papel. En otro papel, escribe veinte cosas que tu futura pareja escribiría sobre él o ella si tuviera que hacerlo. Escribe cosas concretas y tómate tu tiempo.
2. En el sentido de las agujas del reloj, unge las esquinas del papel con el aceite de atracción y coloca un imán en el centro de cada hoja de papel.
3. Dobla los papeles tres veces en dirección a ti y ponlos debajo de tu almohada hasta que encuentres a tu amante.

DEJA QUE EL
AROMA DE ESTE
HUMO BENDIGA
CON BUENA
FORTUNA Y UNA
AUTOCONFIANZA
ELECTRIZANTE TU
HABILIDAD PARA
CONQUISTAR

HUMO PARA CONQUISTAR

NECESITARÁS:

una pizca de resina sangre de drago
una pizca de incienso
una pizca de mirra
2 clavos de olor
una pizca de canela molida
mortero y mano
disco de carbón vegetal y plato resistente al calor

1. Mezcla todas las hierbas y especias en el mortero y remuévelas en el sentido de las agujas del reloj.
2. Enciende un disco de carbón en un plato resistente al calor (instrucciones completas en la página 17) y añádele la mezcla.
3. Mientras observas cómo asciende el humo, visualízate conquistando a alguien, riéndote y haciendo reír a la otra persona, encontrando cosas que tenéis en común y sintiéndote a gusto y con confianza.

BENDICIÓN CON VELAS PARA ATRAER EL AMOR

NECESITARÁS:

una pizca de canela molida
una pizca de lavanda seca
5 gotas de aceite esencial de jazmín
mortero y mano
vela rosa
disco de carbón vegetal y plato resistente al calor
pétalos de rosa frescos

Durante la semana en la que enciendas la vela, sal cada día de casa caminando con la cabeza bien alta y los ojos bien abiertos para recibir al amor que se encamina hacia ti.

1. Mezcla en el mortero la canela y la lavanda y luego añádeles el aceite esencial de jazmín.
2. Talla un corazón en la vela rosa.
3. Enciende un disco de carbón en un plato resistente al calor (instrucciones completas en la página 17) y añádele la mezcla. Quema la mezcla de incienso y sahúma la vela mientras invocas al tipo de persona que te gustaría que llegase a tu vida.
4. Esparce pétalos de rosa alrededor de la vela y enciéndela cada noche durante los siete días siguientes.

AUTOAMOR

**El amor por uno mismo es
el mejor amor. Si practicas el
autoamor y te tratas con respeto
y cariño, estás triunfando
en la vida.**

Cuando uno se honra a sí mismo,
sus frecuencias vibratorias
operan como un imán que atrae
cosas buenas. Convierte en tu
prioridad el brindarte la
compasión que mereces.

MEDITACIÓN GUIADA DE AUTOAMOR

La mejor posición de partida, la que
genera vibraciones más elevadas
para empezar a obrar la magia y a
formular hechizos, es la de gratitud
y amor hacia uno mismo.

Empieza por sentarte en una
posición cómoda y agradable.
*Puede que te apetezca quemar un
poco de incienso de autoamor
durante la meditación*
(página 108).

Cierra los ojos y haz unas cuantas respiraciones (por la nariz o por la boca, lo que prefieras). Mientras lo haces, cuenta hasta cinco al inspirar y hasta ocho al espirar. Repítelo varias veces, mientras notas cómo se van relajando los músculos de tu cara y de tu cuerpo. Sigue respirando así y sé consciente de todos los órganos de tu cuerpo, de cómo trabajan para mantenerte con vida, para que puedas vivir esta vida tan maravillosa.

2 Concéntrate en cómo funciona todo sin pedirte ningún tipo de agradecimiento, sin juzgarte, y en lo feliz que está tu cuerpo haciendo ese trabajo de mantenerte con vida para que puedas seguir siendo un milagro viviente. Ahora, concéntrate en tu corazón y dedícale una sonrisita; visualiza que te devuelve la sonrisa.

3 Dedica este rato a recordarte que tienes que dedicarte compasión y respeto. Reconoce que estás aquí, haciendo esta meditación, porque te amas y empleas este tiempo en honrarte.

4 Rodea tu cuerpo con los brazos y date un abrazo. Siente el amor y date las gracias por estar ahí.

POCIÓN
DE AUTOAMOR

SALEN 50 ML (¼ ESCASO DE TAZA)
NECESITARÁS:

50 ml (¼ escaso de taza) de aceite de almendras dulces
(u otro aceite de base que prefieras)
10 gotas de aceite esencial de rosa
7 gotas de aceite esencial de sándalo
3 gotas de aceite esencial de cardamomo
cuenco para mezclar
frasco o botella de vidrio

**Unge tu cuerpo y luego regálate algo agradable.
Cómprate flores o una planta para tu casa y después
date un abrazo: rodea tu cuerpo con los brazos y da
gracias por tu cuerpo y por todos los órganos que
contiene y que trabajan para mantenerte con vida.**

1. Mezcla todos los ingredientes en el cuenco y guarda la
   mezcla en un frasco o botella de vidrio. Usa el aceite
   para ungir tu cuerpo cuando necesites una dosis extra
   de autoamor.

UNA TETERA DE AMOR

NECESITARÁS:

pétalos de rosa
1 vaina de vainilla, picada fina
7 gotas de agua de rosas
1 cucharada de hojas de escaramujo
1 cucharada de hojas de té rooibos

Pon todos los ingredientes en una tetera y vierte encima agua hirviendo. Coloca las manos sobre la tetera y bendícela con amor y vibraciones positivas. Deja que el té infusione por lo menos 10 minutos. Cuélalo en una taza antes de tomártelo.

DEJA QUE ESTE TÉ
TE NUTRA,
TE SUSTENTE,
ELEVE TUS
VIBRACIONES
Y DESPIERTE TODO
TU AMOR POR TI
Y POR LOS DEMÁS

PÍDETE
UNA CITA

Estés o no en pareja, salir a una cita contigo misma o mismo es uno de los mejores actos de autoamor. Alguien me sugirió esta idea hace muchas lunas y desde entonces se ha convertido en un hábito indispensable de mis rituales personales de autoamor.

1. Resérvate un tiempo para planificar la cita perfecta a la que te gustaría que te llevasen; puede ser cualquier cosa: llevarte a al cine y después invitarte a cenar, ir a que te den un masaje o a ver alguna exposición de arte, salir a pasear por el parque, llevarte de pícnic, pasarte un día en la cama con tu música preferida, ir a hacer *puenting* o investigar sobre alguna receta nueva y prepararte una comida especial.

2. Cuando tengas decidido cómo te vas a mimar, resérvate un tiempo para hacerlo marcando una fecha en tu agenda.

3. El día de tu cita, empieza por la mañana con el Ritual diario de autoamor (página 108) y úngete el cuerpo con la Poción de autoamor (página 100).

A VECES CUESTA

RESERVARSE

UN TIEMPO

PARA HACER UN

POCO EL VAGO

POCIÓN DE INDULGENCIA PERSONAL

NECESITARÁS:

una pizca de pétalos de rosa secos
una pizca de mirra
una pizca de lavanda seca
5 gotas de aceite esencial de jazmín
mortero y mano
disco de carbón vegetal y plato resistente al calor

Tal vez te apetezca leer, ver tu serie favorita o sencillamente pasarte el día remoloneando en el sofá. Pero como estas cosas no son «productivas», nos cuesta darnos permiso para relajarnos. Mezcla esta poción para que te aporte tranquilidad mental y te ayude a desconectar.

1. ¡Prepárate para no hacer nada en absoluto! Ponte ropa cómoda y ten a mano lo que más te guste para picar.
2. Mezcla en el mortero todos los ingredientes, removiéndolos en el sentido de las agujas del reloj, mientras te recuerdas que trabajas mucho y te esfuerzas y que relajarse un poco está bien y es un acto de autoamor.
3. Enciende un disco de carbón en un plato resistente al calor (instrucciones completas en la página 17) y añádele la mezcla. ¡Disfruta de tu rato de relax!

RITUAL DIARIO DE AUTOAMOR

NECESITARÁS:

una pizca de pétalos de rosa secos
una pizca de galangal en polvo
una pizca de sándalo en polvo
mortero y mano
3 gotas de aceite esencial de clavo
disco de carbón vegetal y plato resistente al calor
espejo

Este es un conjuro ideal para hacerlo en gran cantidad. Puedes quemar la mezcla por la mañana, mientras meditas, o por la noche, antes de acostarte. Cuando la quemes, deja que el humo te recuerde que tu energía y tus vibraciones son una parte importante del universo.

1. Mezcla en el mortero los pétalos de rosa y las especias en polvo y luego añádeles el aceite esencial de clavo.
2. Enciende un disco de carbón en un plato resistente al calor (instrucciones completas en la página 17) y añádele la mezcla. Quémala en el carbón caliente y luego ponte el espejo delante, contempla tu reflejo y di: «Te quiero». Luego, en voz alta y con entusiasmo, proclama: «SOY UNA FUERZA CÓSMICA RADIANTE».

USA ESTA POCIÓN
PARA DESTERRAR
DE TU MENTE
CUALQUIER VOZ
NEGATIVA

ANTÍDOTO CONTRA LA VOZ NEGATIVA

NECESITARÁS:

una pizca de salvia seca
3 clavos de olor
una pizca de tomillo seco
mortero y mano
5 gotas de aceite esencial de canela
disco de carbón vegetal y plato resistente al calor

Usa esta poción para desterrar de tu mente cualquier voz negativa. Deja que el humo despierte tu voz positiva y atenta, que está ahí para decirte que puedes hacer cualquier cosa y que eres una persona única, increíble, confiada, amable y cariñosa.

1. Mezcla la salvia, los clavos y el tomillo en el mortero y después añádeles el aceite esencial de canela.

2. Enciende un disco de carbón en un plato resistente al calor (instrucciones completas en la página 17) y añádele la mezcla. Quémala en el carbón caliente.

AMISTAD

Tus amigos son la familia que has ido escogiendo tú personalmente.

Diles a tus amigos cada día que los quieres. Los amantes van y vienen, pero tus amigos estarán siempre ahí para ti. Honra su amistad y celebra que mantienes con ellos unos hermosos vínculos.

HECHIZO PARA ATRAER A NUEVAS AMISTADES

NECESITARÁS:
vela amarilla y candelabro
5 gotas de aceite esencial de hierbabuena
bolígrafo y papel
magnetita (o un imán redondo)

1. Empieza por tallar la palabra «Amistad» en la vela amarilla.
2. Unge la vela de abajo arriba con el aceite esencial de hierbabuena y luego colócala en el candelabro.
3. Enciende la vela, mira fijamente la llama y visualiza a tu nueva amistad y todas las cosas divertidas que vais a hacer. Cuando te parezca que lo has visualizado, escríbele una carta a tu nueva amistad, como si ya formase parte de tu vida. Dale las gracias por todas las cosas que haréis juntos.
4. Vierte unas gotitas de cera de la vela en la magnetita o el imán redondo, pon la piedra en el centro de la carta y dóblala. Llévala encima o colócala en algún sitio que sea especial para ti.
5. Vuelve a encender la vela durante las siete noches siguientes y, cada vez que la enciendas, visualiza en su llama esa nueva amistad, lee la carta en voz alta y vierte un poco más de cera de la vela en la magnetita o el imán.

CUANDO FORMULES
ESTE CONJURO,
MANTÉN LOS OJOS
ABIERTOS, SONRÍELES
A LOS DESCONOCIDOS
Y TEN LA MENTE
ABIERTA PARA RECIBIR
A NUEVAS AMISTADES
EN TU VIDA

RITUAL PARA MEJORES AMIGOS/AS

NECESITARÁS:
2 cucharaditas de miel
2 tazas de Agua de luna (página 14)
2 cucharaditas de agua de rosas
2 velas rosas
5 gotas de aceite esencial de rosa
pétalos de rosa frescos
bolígrafo y papel

Utiliza este hechizo para bendecir vuestra amistad y honrar vuestro amor compartido. Usad el poder de vuestra intención, compartid vuestros sueños y conjuradlos juntos.

1. Pon la miel, el agua de luna y el agua de rosas en una tetera y vierte encima agua hirviendo. Deja que repose un rato. Sírvela caliente en dos tazas o déjala que se enfríe y sírvela con hielos.
2. Unge las velas de abajo arriba con el aceite esencial de rosa. Ponlas a ambos lados de las tazas, dentro de un círculo de pétalos de rosa.
3. Escribíos mutuamente una carta de gratitud para honrar vuestra amistad. Alzad la taza y proclamad en voz alta: «Somos amigos/as, amigos/as para siempre. Que esta amistad siga siendo fuerte y soporte lo que tenga que venir». Bebed de la taza, luego intercambiadlas y seguid bebiendo.
4. Unge las cartas con cera de las velas y guárdalas en un lugar seguro.

HECHIZO DE AMOR
AL UNIVERSO

NECESITARÁS:

2 pizcas de pétalos de rosa secos
una pizca de sándalo en virutas
5 gotas de aceite esencial de vainilla
cuenco para mezclar
disco de carbón vegetal y plato resistente al calor

Mándale tu amor al universo: a la gente que conoces, a la que no conoces, a todos los animales, árboles, flores y estrellas y al mar.

1. Mezcla todos los ingredientes en el cuenco.
2. Enciende un disco de carbón en un plato resistente al calor (instrucciones completas en la página 17) y añádele la mezcla. Quémala en el carbón caliente y concéntrate en el humo para enviar tu amor directamente desde el corazón. Observa cómo se mueve el humo cargado de amor para trasladar ese amor y su efecto sanador al universo.

HECHIZO DEL CÍRCULO DE LA AMISTAD

NECESITARÁS:

Para la poción

botella o jarra de vidrio llena de Agua de luna (página 14)
1 azucarillo para cada participante del círculo de amistad
1 flor que haya traído cada participante (pídeles que
traigan una flor o una hoja de alguna planta junto a la
que pasen de camino a la ceremonia y recuérdales que
le pidan permiso a la planta antes de arrancarla)
unas cuantas ramitas de romero fresco cristal de vuestra
elección, para irlo pasando por el círculo

Para la mezcla de incienso

2 pizcas de pétalos de rosa secos
una pizca de tomillo seco
una pizca de canela en polvo
2 pizcas de incienso
2 pizcas de mirra
mortero y mano
disco de carbón vegetal y plato resistente al calor

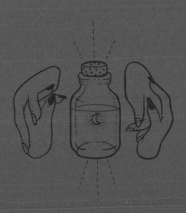

Este hechizo es para honrar a tu pandilla de amigos y para que os demostréis que todos deseáis lo mejor para los demás y os comprometáis a estar siempre ahí para los demás.

1. Pídele a todo el mundo que se siente en círculo. Coloca la botella o jarra en el centro del corro y, en dirección de las agujas del reloj, pide que cada uno ponga su azucarillo y su flor en el agua; luego añade tú las ramitas de romero.

2. Combina en el mortero todos los ingredientes de la mezcla de incienso. Pasa el mortero para que todos vayan removiendo los ingredientes por turnos en dirección de las agujas del reloj.

3. Enciende un disco de carbón en un plato resistente al calor (instrucciones completas en la página 17) en el centro del círculo y pídeles a todos que vayan poniendo por turnos una pizca de la mezcla de incienso sobre el carbón encendido.

4. Cuando el humo empiece a elevarse, sahumad por turnos (siempre en el sentido de las agujas del reloj) la jarra de agua sobre el carbón encendido para bendecir el agua. Cuando terminéis, sírveles un vaso a todos.

5. Mientras bebéis el agua, id pasando el cristal e id honrándoos unos a otros por turnos, dedicaos elogios y decíos por qué os queréis y os honráis y lo orgullosos que estáis de los demás.

HECHIZO
DE AMOR FAMILIAR

NECESITARÁS:
una pizca de pétalos de rosa secos
una pizca de canela en polvo
5 gotas de aceite esencial de vainilla
mortero y mano
disco de carbón vegetal y plato resistente al calor
foto enmarcada de tu familia o de familiares
determinados a quienes quieras enviar tu amor

---

1. Mezcla todos los ingredientes en el mortero, en el sentido de las agujas del reloj. Mientras lo haces, di en voz alta cuánto quieres a tus familiares y cómo va a bendecirles este hechizo, aportándoles felicidad, salud y amor a su vida.
2. Enciende un disco de carbón en un plato resistente al calor (instrucciones completas en la página 17) y añádele la mezcla. Sahúma y bendice la fotografía pasándola por el humo.

ENVÍALES A TUS
PARIENTES TUS
BENDICIONES,
ASÍ COMO A
AQUELLOS A QUIENES
CONSIDERAS TU
FAMILIA

POCIÓN DE GRATITUD A TU MASCOTA

NECESITARÁS:

150 ml (½ taza) de Agua de luna (página 14)
2 pizcas generosas de manzanilla seca
1 vaina de vainilla, abierta
botella de vidrio o tarro de conservas
cristal de cuarzo transparente

Algunos aceites esenciales pueden ser muy perjudiciales para las mascotas, así que conviene que no sustituyas en ningún caso las hierbas por aceites.

1. Pon todos los ingredientes en la botella o frasco y añade también el cristal de cuarzo transparente.
2. Ten la botella a mano y echa unas gotitas de la poción en el collar de tu animal o rocía un poco alrededor de su cama.

MALQUERER

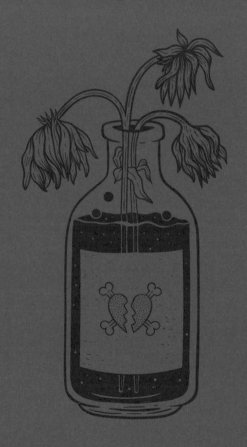

Si te cuestionas una relación, escucha esas dudas que tienes y sé consciente de ellas; lo más probable es que surjan por algún motivo.

Si algo te parece que no anda bien, probablemente sea así. No te obligues a estar con alguien solamente porque sí. Procúrale atención a tu corazón. Si lo tienes roto, debes saber que todo ocurre por alguna razón y que habrá algo o alguien MUCHO MEJOR esperándote. No te conformes.

ESTE ES UN HECHIZO
PARA QUE CONECTES
CON TU INTUICIÓN.
SIÉNTATE A SOLAS
Y OBSERVA TUS
SENTIMIENTOS

HECHIZO DEL AMANTE SOSPECHOSO

NECESITARÁS:
1 anís estrellado
una pizca de canela en polvo
una pizca de raíz de orris en polvo
5 gotas de aceite esencial de benjuí
mortero y mano
disco de carbón vegetal y plato resistente al calor
bolígrafo y papel

Puede que tengas una sensación extraña, como de que algo no anda bien. Puede que se trate de un mensaje intuitivo que parte de lo más hondo de tus entrañas o de un ligero escozor en tu tercer ojo. Usa este hechizo para sintonizar con esas sensaciones y tomar nota de ellas. Puede que te reafirmes en tu relación o que sigas sospechando.

1. Mezcla todos los ingredientes en el mortero, en el sentido de las agujas del reloj.
2. Enciende un disco de carbón en un plato resistente al calor (instrucciones completas en la página 17) y añádele la mezcla. Observa cómo se eleva y se dispersa el humo, sintoniza con tu sabiduría interior y plantéale tu pregunta; ten a mano papel y bolígrafo para anotar lo que pueda surgir.

CURA PARA EL CORAZÓN ROTO

NECESITARÁS:

5 granos de pimienta negra
una pizca de semillas de comino
mortero y mano
lágrimas (opcional)
5 gotas de aceite esencial de rosa
disco de carbón vegetal y plato resistente al calor

Que te rompan el corazón es de las peores cosas que te pueden pasar y hace que te parezca que es el fin del mundo. Inhala el aroma curativo de este hechizo y sé consciente de que sirve para enviar mensajes de amor y atraer buenas vibraciones al corazón para que te recuperes.

1. Muele los granos de pimienta negra y las semillas de comino en el mortero hasta que quede un polvo fino.
2. Añade a la mezcla lágrimas (esto es opcional) que hayas derramado por quien te ha roto el corazón (también puedes mojarte los dedos con ellas cuando mezcles la pasta). Incorpora aceite esencial de rosa y mézclalo todo hasta que adquiera la consistencia de una pasta.

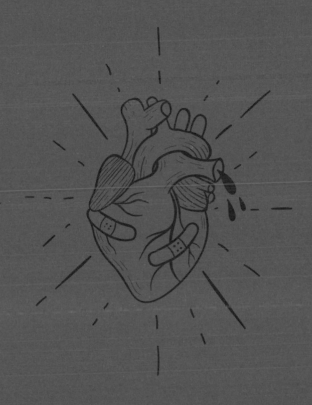

3. Enciende el disco de carbón en un plato resistente al calor (instrucciones completas en la página 17) y ve echando pizcas de la mezcla en el carbón.
4. Siéntate y observa el humo. Deja que fluyan tus lágrimas mientras el humo asciende, sabiendo que al inhalar tu corazón estará recibiendo energía de amor curativo y que enseguida empezarás a sentirte mejor.

BAÑO DE RUPTURA Y LIBERACIÓN

NECESITARÁS:

9 pizcas de salvia seca
9 granos de pimienta negra
300 g de sal (la mejor es la sal del Himalaya, pero
puedes usar sal marina o sulfato de magnesio)
el zumo y la corteza de 1 limón
cuenco para mezclar
cristales de cuarzo transparente

Este es un baño renovador para librarte de malos recuerdos, relaciones nocivas y maleficios.

1. Pon la salvia, la corteza del limón y los granos de pimienta en un cuenco y mézclalos removiéndolos en sentido contrario al de las agujas del reloj.
2. Prepara un baño caliente y añade al agua los ingredientes mezclados y el zumo del limón. Sé consciente de que cuando salgas del baño te habrás limpiado del todo y habrás pulsado el botón de reinicio.

Poder extra: antes de meterte en el baño, escribe aquello de lo que te vas a librar en un papel y dóblalo tres veces en dirección opuesta a ti. Quémalo en la llama de una vela negra.

NO TENGO TIEMPO PARA ESTO (HECHIZO AHUYENTADOR RÁPIDO)

NECESITARÁS:
bolígrafo y papel
1 vela negra (si no dispones de vela negra,
puedes hacerlo con una de cualquier otro color)

Este hechizo también puede formularse antes de hacer una declaración de intenciones. Recuerda que cada vez que repeles o ahuyentas algo, dejas espacio libre para atraer hacia ti alguna cosa positiva.

1. Escribe en un papel el nombre de la persona o la situación de los que quieres desprenderte y quémalo en la llama de una vela negra.
2. Si necesitas ahuyentar algo a toda prisa pero no dispones de ninguna vela, puedes desmenuzar el papel escrito, echarlo al inodoro y tirar de la cadena.
3. Una alternativa es escribir el nombre de tu ex en un papel y ponerlo en una bandeja para cubitos de hielo, llenarla de agua y meterla en el congelador.

OLVIDAR A UNA EXPAREJA

NECESITARÁS:
fotografía de la persona a quien quieres olvidar
(o un papel con su nombre escrito)
retal pequeño de tela negra
3 pizcas de Sal negra (página 15)
hilo y aguja

Este hechizo sirve para romper vínculos emocionales cuando quieres quitarte de la cabeza a una determinada persona.

1. Pon la foto de la persona o el papel con su nombre escrito en el centro de la tela negra y, con la mano no dominante, esparce por encima la Sal negra.
2. Cierra la tela cosiéndola, dile adiós y entiérrala lejos de tu casa (no en el jardín).

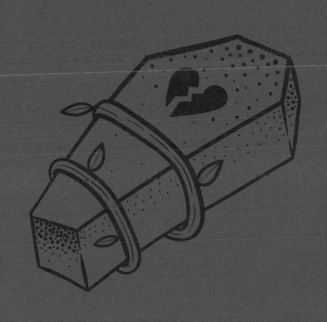

GLOSARIO DE HIERBAS

ALBAHACA
Paz, felicidad, dinero, riqueza personal, suerte, protección, bendición.

ANÍS ESTRELLADO
Conciencia psíquica, abre el tercer ojo, proyección astral, suerte, ahuyenta el mal.

ARTEMISA
Se bebe para la proyección astral, protección y despertar del tercer ojo, que ayuda a concentrarse cuando se formulan hechizos.

BAYAS DE ENEBRO
Poder mágico, protección, control, acaba con situaciones negativas y estresantes.

BENJUÍ
Purificación, mitiga situaciones estresantes, repele la ira, añade rapidez y algo de empuje a los hechizos, es bueno para cuando sacamos una carta de tarot o de los ángeles. Propicia la energía y la concentración.

BERGAMOTA
Aporta felicidad, suerte, confianza, coraje y motivación.

CANELA
Bendición positiva para ti y tu hogar, amor, pasión, prosperidad, fuerza personal y conciencia psíquica.

CARDAMOMO
Coraje y suerte. Abre nuevos caminos, ayuda a conectar con el momento.

CEDRO
Éxito personal, riqueza, curación, sabiduría y equilibrio.

CITRONELA
Abre caminos, deshace bloqueos creativos e inspira la creatividad, aporta buena suerte en la comunicación.

CLAVOS DE OLOR
Suerte, coraje, fe en uno mismo, crecimiento personal, lujuria.

COMINO
Curación, protección, amor, lujuria, romper maleficios, nuevos comienzos, fuerza emocional.

EUCALIPTO
Purificación, limpieza, repele energías psíquicas negativas, curación y protección.

GALANGAL
Te ayuda a ponerte en acción y proporciona energía psíquica para ayudarte a empezar y a avanzar (así que cuidado con quemarlo de noche), poder mental, ayuda a la comunicación y a la fuerza de voluntad. Puede ayudar con visiones psíquicas.

HIERBABUENA
Nuevos comienzos, renovación personal, protección psíquica, liberación, curación, toma de decisiones.

HIERBA DAMIANA
Tomada en infusión, es afrodisiaca y abre el corazón. Al quemarla, abre portales psíquicos.

HINOJO
Coraje, protección, afrodisiaco, neutraliza maleficios y hechizos negativos.

HOJAS DE LAUREL
Protección, buena suerte, conciencia psíquica, propicia cambios positivos y aporta poder mágico a los hechizos. Son potentes mensajeras cuando llevan hechizos y sigilos.

INCIENSO
Ofrenda a los espíritus, limpieza espiritual, consagra instrumentos mágicos.

JENGIBRE
Romance, prosperidad, pasión, poder, puede usarse para acelerar hechizos.

LAVANDA
Felicidad, fuerza para las relaciones, conciencia psíquica, fortaleza interior, poder psíquico, paz, meditación.

LIMÓN
Nuevos comienzos, repele maleficios, limpieza.

MANZANILLA
Dinero, éxito, suerte, nuevos comienzos, amor.

MEJORANA
Protección, despertar psíquico, atrae el amor.

MILENRAMA
Conciencia psíquica, repele la negatividad, fidelidad en el amor, paz, disipa la ansiedad.

MIRRA
Vibraciones psíquicas, ofrenda a los espíritus, protección, bendición, curación. Incrementa el

poder de cualquier hechizo curativo.

NUEZ MOSCADA
Prosperidad, buena suerte, amor, poder psíquico.

PACHULI
Opera como un imán para que te ocurran cosas buenas. Prosperidad, amor, fertilidad.

PIMIENTA DE CAYENA
Elimina obstáculos y bloqueos, abre nuevos caminos, oportunidades y acelera las cosas.

PIMIENTA DE JAMAICA
Buena suerte, dinero, curación, ánimo. Aporta poder extra y buena energía a cualquier hechizo.

RAÍZ DE ORRIS
Ayuda a obtener poder personal y éxito. Comunicación con seres queridos y compañeros de trabajo, también sirve para atraer a un amante a tu vida.

ROSA
Amor, romance, amistad, lujuria, paz, felicidad, relajación, cuidado de uno mismo.

ROMERO
Protección, purificación, curación, poder mental, ayuda a conectar con tu intuición y tu tercer ojo, buena salud.

SALVIA
Curación, purificación, limpieza, repele la energía negativa, salud espiritual.

SÁNDALO
Curación, despertar de capacidades psíquicas, suerte, éxito, ofrenda a los espíritus, poderoso en hechizos relacionados con la luna. El humo del sándalo hace llegar tus deseos e intenciones al universo.

SANGRE DE DRAGO
Buena suerte superpoderosa, cumple deseos, incrementa la potencia y la atracción de suerte en cualquier hechizo.

TOMILLO
Fuerza, coraje, sabiduría. Te ayuda a conectar con tu voz interior y a confiar en ella. Atrae lealtad y amistad.

VETIVER
Paz mental, superar miedos, romper maleficios, repeler la negatividad.

ACERCA
DE LA
AUTORA

Semra Haksever fue estilista de moda durante una década antes de convertirse en emprendedora bohemia y fundar Mama Moon, una línea propia de velas aromáticas y pociones mágicas. Semra organiza talleres de hechizos y ceremonias a la luz de la luna donde enseña a la gente a empoderarse y sentirse bien con la ayuda de un poco de magia.

Lleva veinte años practicando el reiki, la gemoterapia y los rituales lunares, y siempre ha albergado el deseo de crear instrumentos rituales que estén al alcance de todos. Este es su segundo libro.

MAMAMOONCANDLES.COM

ACERCA
DE LA
ILUSTRADORA

Nes Vuckovic es una ilustradora y artista plástica de origen bosnio y establecida en Chicago cuyo trabajo se centra principalmente en un dibujo de línea clara, la yuxtaposición surrealista y la figura femenina.

Se autoproclama «reina del pastel» y su trabajo, que suele remitir a sus raíces en el bordado o los tatuajes de tipo blackwork, deriva de su formación artística en la animación y la novela gráfica.

Es amante de las películas de terror de serie B, de la taxidermia y de la ciencia ficción y fanática acérrima del canal Lifetime Movies, del vino y del queso.

AGRADECIMIENTOS Y DEDICATORIA

Este libro se lo dedico a toda esa gente que hay en mi vida y que me dice que me quiere antes de colgar el teléfono. Todos sabéis quiénes sois y el amor con el que me rodeáis lo es TODO para mí.

Gracias, Kate y Molly, por todo vuestro increíble apoyo, por vuestra paciencia y vuestros ánimos. Y también al resto del equipo: Claire y Nes.

ÍNDICE ALFABÉTICO

La edición original de esta obra ha sido publicada en el
Reino Unido en 2019 por Hardie Grant Books con el título

Love Spells

Traducción del inglés: Darío Giménez Imirizaldu

Diagonal, 402 – 08037 Barcelona
www.cincotintas.com

Primera edición: *octubre de 2020*

Impreso en China
Depósito legal: B 7011-2020
Código Thema: VXW

ISBN 978-84-16407-88-0